Klassische Scherenschnitte

Heide Klingmüller

Klassische Scherenschnitte

ENGLISCH VERLAG

Die Deutsche Bibliothek – CIP-Einheitsaufnahme
Klassische Scherenschnitte / Heide Klingmüller. – Wiesbaden: Englisch, 2000
ISBN 3-8241-0803-8

ISBN 3-8241-0803-8

Fotos: Frank Schuppelius
Printed in Spain

Inhaltsverzeichnis

Vorwort

Die klassische Zeit des Scherenschnitts in Deutschland war das Biedermeier. Viele übten sich in dieser Zeit in der Kunst des Schneidens. Scherenschnitte wurden als Stickvorlagen verwendet, Faltschnitte zierten Tortendeckchen, Blumenmotive schmückten Lampen- und Ofenschirme, Silhouetten wurden mit Hilfe des Storchschnabels verkleinert und hingen gerahmt in den Stuben.

Aber auch in anderen Ländern entwickelte sich der Scherenschnitt auf jeweils charakteristische Weise und wurde als Dekoration für Feste, zum Schmücken der Wohnung, für Tauf- und Hochzeitsbriefe verwendet.

Die Erfindung der Fotografie, die Industrialisierung und die Entwicklung der modernen Drucktechniken haben die Handarbeit verdrängt. Der internationale Handel sorgt für die Verbreitung der gleichen Waren überall, das hat eine Gleichmacherei zur Folge. Dieser Entwicklung kann man nur entgegenwirken, wenn man sich auf individuelles Schaffen zurückbesinnt. Scherenschnitte machen heute nur noch wenige Menschen. Umso wichtiger ist es, diese Kunst vor dem Vergessen zu bewahren.

In diesem Buch soll deshalb traditionellen Motiven nachgespürt werden, überlieferte Techniken werden erklärt, es wird der Weg vom Entwurf bis zum fertigen Bild gezeigt. Die abgebildeten Motive sollen zum Nachschneiden ermuntern und zu eigenem Schaffen anregen.

Damit Sie sich besser orientieren können, sind die wichtigen Hinweise optisch hervorgehoben. Es wurden allerdings nicht alle Schnitte mit ausführlichen Anleitungen versehen, das hätte zu Wiederholungen geführt. Deshalb sind nur wenige Motive ausführlich beschrieben.

Sie können gleich beginnen und die Grundzüge der Schneidetechnik an einfachen Beispielen kennenlernen.

Viel Freude dabei wünscht Ihnen

Heide Klingmüller

Scherenschnitt international

Bis vor 250 Jahren waren die Scherenschnitte in Deutschland weiß, ursprünglich schnitt man Bilder in Pergament, später in Papier. Dann kamen die schwarzen Silhouetten in Mode, und bis heute wird dem schwarzen Scherenschnitt der Vorzug gegeben.
Auch in der Schweiz gibt es eine Scherenschnitt-Tradition, bei der der schwarze Schnitt überwiegt. Allerdings werden auch viele Schnitte mit farbigen Elementen ausgestattet.
Ganz anders ist der Scherenschnitt in China überliefert, wo man bunt eingefärbte Papiere verwendet oder weiße Schnitte bunt anmalt.
Ebenfalls bunt sind die Schnitte in Polen. Die folkloristischen Motive, aus Glanzpapier geschnitten, werden in manchen Gegenden mit aufgeklebten farbigen Teilstücken verziert.
Von Dänemark sind weiße Faltschnitte bekannt, die auf roten Untergrund geklebt werden.

Material und Werkzeug

Scheren

Zum Schneiden brauchen Sie eine Schere.

Als Grundregel gilt:
Sie können mit jeder Schere schneiden, sie sollte auf jeden Fall scharf geschliffen sein. Sie möchten damit einen glatten Schnitt erreichen, deshalb muss sie auch bis in die Spitze hinein gleichmäßig schneiden und nirgends Widerstand bieten.
Für Silhouetten von Personen verwende ich eine Schere aus leichtem Material, wie sie normalerweise zum Haareschneiden verwendet wird. Sie ist relativ groß.

So kann ich die Profillinie schneiden, ohne die Schere absetzen zu müssen. Die Enden der Schere sind stumpf und können deshalb nicht zum Schneiden eingesetzt werden. Beim reinen Profilschnitt werden sie auch nicht gebraucht. Feine Einschnitte werden vom Rand aus gemacht. Das geht auch mit einer großen Schere.

Je feiner die Schnitte werden sollen, desto kleiner muss die Schere sein.

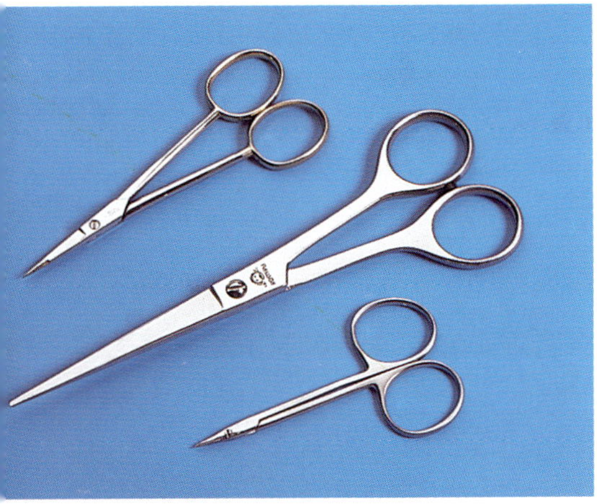

Nagelschere

Für Ihre ersten Versuche können Sie eine Nagelschere verwenden, gerade oder gebogen. Sie sollte aber auf jeden Fall gleichmäßig auf den Druck der Hand reagieren, damit Sie kontrolliert schneiden können.

Silhouettenschere

Die typische Silhouettenschere ist ca. 11 cm lang, hat lange Hebel und kurze Schneiden, beide Schneiden sollten gleich lang und die Spitzen sollten exakt geschliffen sein. In der Schweiz werden Scheren verwendet, die dazu auf beiden Seiten, von der Spitze ausgehend, auf der Außenseite etwa 8 mm lang abgeflacht sind. Leider sind sie nicht überall zu kaufen. Vielleicht finden Sie einen Scherenschleifer, der Ihre Schere in dieser Art nachschleifen kann. Die Klinge ist dann, von oben gesehen, zur Scherenspitze hin schmaler. Sie können damit besser Ihre Schnittlinie verfolgen.

Hautschere

Noch kleiner ist eine Hautschere oder eine medizinische Schere. Da ich manchmal sehr fein schneide, benutze ich solch eine Schere. Sie ist ebenfalls noch nachbearbeitet, das heißt, die Klingen wurden von außen und oben zur Spitze hin abgeflacht. *Auf keinen Fall darf an der Innenseite geschliffen werden.*

Ich schärfe diese Scheren selbst. Dazu benutze ich einen Abziehstein, auf den ich einen Tropfen Öl gebe. Darauf lege ich die Schneide glatt auf. Sie wird nur leicht schräg gehalten und muss vom Kreuzpunkt der Schenkel bis zur Spitze auf dem Stein aufliegen. Sie brauchen nur drei- bis viermal über den Stein zu streichen, dann ist die Schere wieder scharf. *Wichtig ist der richtige Winkel, in dem die Schneidbacken aufliegen.*
Üben Sie mit einer alten Schere, bis Sie das Gefühl für die richtige Handhaltung haben.

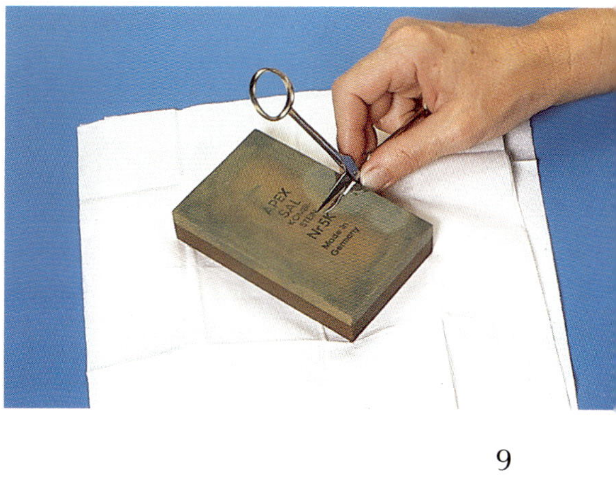

Schneidmesser

Chinesen schneiden meistens mit scharfen Messern. Sie können damit einen ganzen Stapel Papier gleichzeitig bearbeiten. Wenn Sie gut mit einem Schneidmesser umgehen können, ist es auch für den Scherenschnitt einsetzbar.

Papier

Mit dem Papier verhält es sich wie mit der Schere. Sie können viele Sorten verwenden, es kommt immer auf Ihr Motiv und auf den Verwendungszweck an.

Jede Papiersorte, die sich gut falten lässt, kann verwendet werden. Beim scharfen Kniffen sollte keine Farbschicht abblättern.

Recyclingpapier ist nicht so gut geeignet, denn es besteht aus kurzen Papierfasern und ist zu weich.
Am besten eignet sich ein glattes, zähes Papier, nicht dicker als Schreibmaschinenpapier. Das spezielle schwarze Scherenschnittpapier können Sie in Heftform oder als Einzelbogen kaufen. Ich bevorzuge ungummiertes Papier, das sich besser bearbeiten lässt.
Sie schneiden am besten mit Scherenschnittpapier, das auf der Rückseite weiß ist.
So können Sie Ihren Entwurf problemlos aufzeichnen und es ist schonender für die Augen, wenn Sie sich auf eine weiße Fläche konzentrieren statt auf eine schwarze. Wenn Sie keinen eigenen Entwurf machen möchten, übertragen Sie sich die Motive aus diesem Buch auf die Rückseite des Papiers.
Nicht alle Beispiele sind in der Originalgröße abgebildet, machen Sie sich deshalb Kopien in der Vergrößerung, die Ihnen am besten zusagt.

Probieren Sie aus, was Ihnen mehr liegt: der filigrane Schnitt oder die großzügige kräftige Silhouette.
Wählen Sie danach Papier und Schere aus: dünnes Papier und eine feine Schere für den zierlichen Schnitt, dickeres Papier und eine kräftige Schere, wenn Sie großflächig arbeiten möchten, Tonpapier für ein Fensterbild.
Am liebsten schneide ich mit farbigem Origamipapier. Es ist dünner als Scherenschnittpapier, aber zäh geleimt und ideal für feine Schnitte.

Außerdem benötigen Sie
- Pauspapier oder Transparentpapier zum Übertragen der Motive
- harten und weichen Bleistift

Motivauswahl und Entwurf

Jede Technik folgt ihren eigenen Gesetzen von Werkzeug und Material. Auch beim Scherenschnitt gibt es Typisches. So wird man immer die Spur der Schere oder des Messers erkennen können. Die geschnittene Linie unterscheidet sich von einer gemalten.

Tiere Afrikas

Sie sehen hier eine Reihe von afrikanischen Tieren, die in ihren Umrisslinien leicht zu erkennen sind. Solche Schattenbilder sind typische Scherenschnittmotive. Die Charakteristik des Dargestellten ergibt sich allein aus den Umrissen. Denken Sie sich diese Tiere im Gegenlicht vor einem hellen Hintergrund. Sie erscheinen dann als schwarze Fläche, Einzelheiten im Inneren sind nicht zu sehen.

Verbindende Elemente

Beim Schneiden erhalten Sie nicht nur eine scharfe Kontur, Sie trennen auch gleichzeitig das Papier: ein Teil bleibt stehen, der andere fällt ab.

Uhu

Der Entwurf für den Uhu ist so angelegt, dass er in einem Stück geschnitten werden kann und Sie in einem Arbeitsgang ein positives und ein negatives Bild erhalten.

Alle Teile eines Schnitts sollten zusammenhängen, d.h. dass die einzelnen Bildelemente miteinander verbunden sind und auch bei komplizierten Motiven das fertige Bild nicht auseinander fällt.

Die Kunst des Entwerfens besteht darin, harmonische Verbindungen zu schaffen. Jede bildnerische Technik hat ihre Grenzen, auch der Scherenschnitt. Sie können zum Beispiel das, was weggeschnitten ist, nicht mehr anfügen, sondern müssen mit dem Papierrest weiterarbeiten, der noch stehen geblieben ist. Sie werden schnell herausfinden, was machbar ist.

Wenn Sie von einer Zeichnung ausgehen, muss das Motiv für den Schnitt „übersetzt" werden. Die Blätter, die an einem Zweig wachsen, können für den Scherenschnitt nur nebeneinander angeordnet werden.

Konturen und Kontraste

Typisch für den Scherenschnitt sind klare Konturen und starke Kontraste, zum Beispiel schwarz auf weißem Untergrund.

Katzen

Die Katzen unterscheiden sich durch ihre Körperhaltung voneinander. Schneiden Sie sehr sorgfältig, damit auch Kleinigkeiten wie die Krallen zu sehen sind.

Hasen

Die Hasen sind an ihren langen Ohren zu erkennen.

Charakteristische Profile

Markante Umrisse sind gut als Motive geeignet. Beim Malen gibt es unterschiedliche Farbtöne, mit denen man arbeiten kann. Beim Schneiden suchen Sie sich Modelle, die ein charakteristisches Profil haben und sich dadurch voneinander unterscheiden.

In der Regel werden Sie die Seitenansicht wählen. Feine Linien können in die Fläche geschnitten werden, um Einzelheiten zu verdeutlichen.

Henne

Die brütende Henne bekommt einen Flügel und einen winzigen Punkt als Auge. Die Eier, auf denen sie sitzt, sind ebenfalls aus dem Papier herausgeschnitten.

Frosch

Beim Frosch werden feine Linien geschnitten, die das Auge und die Hinterbeine verdeutlichen.

Fuchs

Beim Fuchs wird das vordere Ohr durch einen Einschnitt markiert, ebenso die Ansatzlinien der Läufe.

Eichhörnchen

Das Eichhörnchen erhält eine weiße Rückenlinie.

Kamel

Das Kamel wäre ohne die Innenzeichnung sehr unförmig. So sind Zaumzeug und Sattel angedeutet.

Auflockern von schwarzen Flächen

Große schwarze Flächen werden interessanter mit einzelnen feinen Auflockerungen, der Kontrast von Fläche und zarten Durchbrüchen kann den Charme eines Scherenschnittes ausmachen.

Eidechse

Die Echse hat gespreizte Zehen.

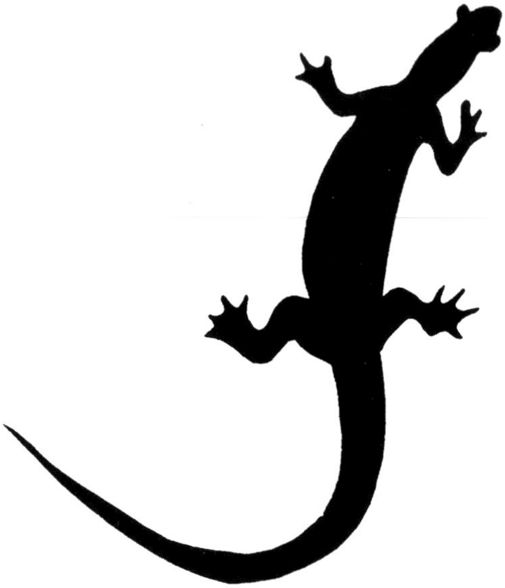

Schornsteinfeger

Die Schornsteinfegersilhouette wird durch die feinen Einschnitte der Besen aufgelockert.

Junge mit Dackel

Dekorativ sind die dünnen Gräser, die diesen Schnitt beleben.

Zwei Schnitte in einem Arbeitsgang

Sie erhalten zwei gleiche oder gegengleiche Schnitte oder einen symmetrischen Schnitt in einem Arbeitsgang, wenn Sie das Papier doppelt nehmen, bevor Sie schneiden.

Damit sich das Papier nicht verschiebt, während Sie arbeiten, fixieren Sie es an den Rändern mit Klebestreifen oder Heftklammern.

Liegen beide Papierstücke mit der Rückseite nach oben, so erhalten Sie zwei identische Schnitte. Liegen sie mit der Vorderseite aufeinander, so werden die Bilder gegengleich. Für den symmetrischen Schnitt wird das Papier gefaltet. Sie haben nur die Hälfte des Entwurfs zu schneiden. Am Papierfalz müssen Verbindungen stehen bleiben, sonst fällt der Schnitt nach dem Auffalten auseinander.

Beachten Sie, dass Ihr Motiv spiegelbildlich wird, weil Sie auf der Rückseite aufzeichnen.

Damhirsch

Das Scherenschnittpapier liegt mit der Vorderseite aufeinander, die beiden Schnitte sind gegengleich.

Reh

Beide Papiere liegen mit der Vorderseite nach oben. Der Entwurf wird mitgeschnitten, beide Schnitte sind gleich.

Hühner

Die Hühner sind durch einen Steg miteinander verbunden und fallen dadurch nach dem Auffalten nicht auseinander, sondern bilden ein Gesamtbild.

Schneidetechniken

Ideal ist es natürlich, frei zu schneiden. Doch nicht viele Menschen haben die Begabung des fotografischen Gedächtnisses. Deshalb können Sie sich mit einer Vorzeichnung behelfen. Zeichnen Sie so wenig wie möglich auf. Sie wollen ja schneiden und nicht „ausschneiden".

Ast mit Blättern

Bei diesem Ast sind nur die Positionen der Blätter sowie die Grenzlinie für die Blattspitzen aufgezeichnet. So haben Sie die Freiheit, die Blätter zu gestalten, ohne dass Bleistiftstriche stören. Gleichzeitig aber haben Sie eine Richtung und eine äußere Begrenzung vorgegeben, und Sie verlieren nicht die Orientierung, auch wenn das Blatt Papier beim Schneiden hin und her gedreht wird.

Halten Sie die Schere so, dass die Schraube zum Papier hin zeigt. Sie schneidet auf dieser Seite besser.
Sie erhalten eine glatte Schnittlinie, wenn Sie die Schere am Kreuzpunkt der Schneidbacken ansetzen und nicht bis zur Scherenspitze schneiden, sondern mit der Schere nachrücken, bevor weitergeschnitten wird.

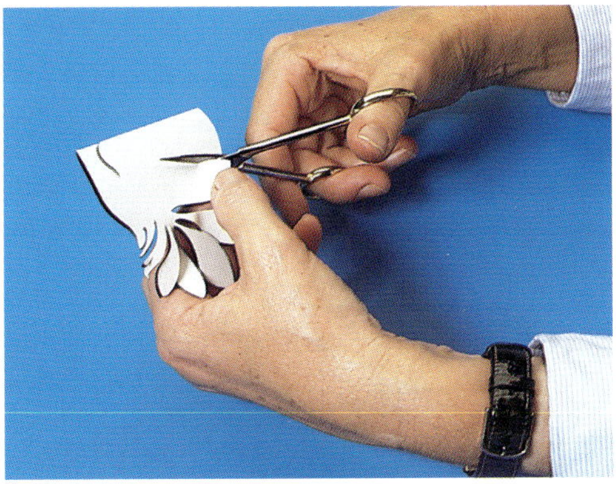

Gezackte Ränder

Es gibt aber auch Fälle, da möchten Sie einen gezackten Rand haben, zum Beispiel bei Blattumrissen. Hier können Sie aus der Not eine Tugend machen.
Um gewollte Stufen zu schneiden, machen Sie den ersten Einschnitt für die Zacke, ziehen das Papier gegen die Schere (dabei entsteht ein kleiner Riss) und können nun den zweiten Einschnitt machen, wieder ziehen, weiterschneiden und so fort. Mir gelingen solche Zackenlinien nur in einer Richtung, deshalb drehe ich das Papier, wenn ich wieder zurück schneiden will. Diese Technik wende ich bei gezackten Umrissen an, wie zum Beispiel den Rosenblättern.

Zweig mit Rosenknospen

Schneiden Sie die Zacken wie eben beschrieben. Auch Innenschnitte, die eine längere Zackenlinie haben, können so geschnitten werden.

Innerhalb der Papierfläche schneiden Sie zuerst die Zackenreihe. Sie arbeiten von außen nach innen, von unten nach oben. So haben Sie immer den stabilsten Papierteil in der Hand. Die Einschnitte sind nach dem Aufkleben deutlich auf einer Seite zu sehen, wenn Sie die andere Seite glatt nachschneiden, wie z. B. bei der Schnecke auf Seite 22.

Schnecke

Durch eine Reihe von Einschnitten sieht das Schneckenhaus sehr plastisch aus. Es erfordert schon einige Übung, um eine gleichmäßig gezackte Linie zu erhalten. Lassen Sie sich deshalb nicht entmutigen, wenn es nicht gleich perfekt klappt.

Probieren Sie aus, in welchem Winkel Sie die Schere halten müssen und mit welchem Druck Sie das Papier ziehen.

Es gibt noch eine weitere Möglichkeit, Zacken zu schneiden: Drehen Sie an der tiefsten Einschnittstelle die Schere auf der Stelle und schneiden Sie in entgegengesetzter Richtung weiter. Da diese Schnittführung aber leicht zu abgerundeten Ecken führt, schneide ich so nur an einzelnen Stellen, zum Beispiel, wenn ich die untere Kante eines Schnittes abschließe.

Eine dritte Art sind Einschnitte von außen. Hier setze ich die Schere jedesmal neu an und schneide bis zur gewünschten Stelle einmal links, einmal rechts von dem Papierteil, der stehen bleiben soll. Werden solche Schnitte in der Innenfläche des Papiers gewünscht, müssen Sie zuerst einen glatten Innenschnitt machen und von da aus die Zacken schneiden.

Während ich für kleine Zacken die Methode des Ziehens, wie sie oben beschrieben ist, bevorzuge, schneide ich Gras gerne auf diese Weise.

Sie können sich zuerst eine Hilfslinie schneiden, von der aus Sie dann in die Fläche hinein die Grashalme schneiden. Am fertigen Schnitt kann man diese gedachte Linie noch erkennen.
Die folgenden Beispiele zeigen das.

Dickhornschafe

Hier sehen Sie deutlich die Konturlinie der Grashalme.

Schwan und Ente

Die leicht gewellte Konturenlinie der Grashalme ist gut erkennbar.

Gänse

Die 5 Gänse stehen wie auf einem Sockel. Die zarten Grashalme nehmen dem Bild die Schwere.

Gänse mit Huhn

Filigraner ist die Szene mit drei Gänsen und einem Huhn gestaltet. Schon die Figuren sind durch Innenschnitte aufgelockert.

Eule

Ganz formal sind die Muster in diesem Schnitt. Die Eule hat einen Zackenkranz um die Augenpartie herum und halbkreisförmige Zäckchen als Federn am Flügel. Auch die äußere Form ist stilisiert.

Käuzchen

Das Käuzchen erhält sein Federkleid durch eine Reihe von Innenschnitten in der Art, wie sie bei der Amsel beschrieben sind.

Amsel in der Eberesche

Die Amsel in den Ebereschenzweigen sieht naturalistisch aus, obwohl mit denselben Stilmitteln wie die Eule gearbeitet wird.
Pflanzen haben die unterschiedlichsten Blattformen. Bei der Eberesche sitzen schmale Blätter mit einer kräftigen Mittelrippe beidseitig an einem Stiel. Zieht man eine Linie über die Endpunkte der Blätter, erhält man die Grundform eines gefiederten Blattes.

Im Entwurf für diesen Scherenschnitt ist auf diese typische Form geachtet worden. Die Blattrippen werden mit einer spitzen Schere als schmale Streifen herausgeschnitten. Die einzelnen Blätter sitzen mit kurzen Stielen am langen Hauptstiel.
Beim Schneiden ist darauf zu achten, dass dieser Stiel in einer fortlaufenden Linie verfolgt werden kann. Ich zeichne mir dafür auf der Papierrückseite nur eine Linie und schneide die zweite frei.

Die Beeren der Eberesche sitzen an verzweigten Stielen. Eigentlich wachsen sie rundum. Das lässt sich aber im Scherenschnitt schwer darstellen. Hier habe ich sozusagen den Querschnitt verwendet. Dadurch wird der Schnitt filigran. Man könnte natürlich auch nur den Gesamtumriss schneiden und das Innere schwarz lassen.

Die Amsel ist eigentlich ein schwarzer Vogel. Hier wird durch Innenschnitte versucht, den Flügel darzustellen.

Für diese ornamentalen Innenschnitte schneiden Sie zuerst eine Linie in das Papier, sie kann gerade oder gebogen sein. Die Krümmung entscheidet über das Muster. Von dieser Linie aus können Sie nun Zacken ausschneiden. Sie verwenden dazu eine kleine Schere und schneiden mit der Spitze. *Geben Sie der unteren Klinge mit dem Mittel- oder Ringfinger Halt. Schneiden Sie die Ecken aus, indem Sie die Schere hin- und herbewegen. Sie können die Länge und den Winkel der Schnitte verändern.*

Die kurzen Federn sind durch Einschnitte entstanden, die im Halbkreis angeordnet sind. Die langen Federn haben Einschnitte an parallelen Linien entlang.

Bei diesem Schnitt kreuzen sich einige Linien. Das trägt zur Stabilität des Schnittes bei. Achten Sie bei einem ähnlichen Entwurf darauf, dass die Überschneidungen möglichst natürlich wirken.

Löwenzahn

Ähnlich wie die Federn des Käuzchens sind auch die einzelnen „Fallschirmchen“ des Löwenzahns geschnitten.

Denken Sie sich drei konzentrische Kreise um den Kern. Es entstehen dadurch zwei Ringe. Die Einschnitte reichen vom mittleren zum Innenkreis bzw. vom Außenkreis bis zum Mittelkreis.
Sie können statt drei auch vier und mehr Verzweigungen vornehmen. Außerdem ist denkbar, noch einen weiteren Ring zu planen. Es hängt von der Größe des Motivs ab, wieviele Feinschnitte untergebracht werden können.

Auch bei der Blüte denken Sie sich konzentrische Ringe, die die Begrenzung für die Einschnitte markieren. Ein schmaler Ring wechselt mit einem breiteren. Er setzt eine Grenze, bis zu der Sie die Löcher für die einzelnen Blütenblätter schneiden. *Achten Sie auf die Ausrichtung zum Mittelpunkt, wenn Sie rundum die Blütenblätter aus dem Papier herausschneiden.* Solche Hilfslinien können Sie sich auch für die Knospe auf die Rückseite zeichnen.

Arbeiten Sie immer auf diese Weise, wenn Sie eine Reihe von Innenschnitten machen wollen.

Ist innen alles ausgeschnitten, kommen zum Schluss die Umrisse dran. In diesem Fall ist der Rand nicht ganz glatt geschnitten, sondern folgt in kleinen Bogen den Innenschnitten.

Statt konzentrischer Kreise sind natürlich auch andere Linien denkbar, zum Beispiel eine Wirbelform oder Spirale.

Runde Innenschnitte

In der Praxis werden Sie von Fall zu Fall entscheiden, wie geschnitten wird und die Methode wählen, die am günstigsten ist. Wichtig ist in jedem Fall, das Papier so zu halten, dass Sie es gut bearbeiten können. Sie werden immer wieder umgreifen müssen, wenn Sie an einem Schnitt arbeiten.

Drehen Sie das Papier während des Schneidvorgangs und halten Sie dabei die Schere möglichst ruhig. Wenn das Zusammenspiel beider Hände harmonisch ist, können Sie konzentriert schneiden und Ihr Werkzeug wird Ihnen gehorchen und keine Eigendynamik entwickeln.

Wenn Sie innerhalb der Papierfläche arbeiten möchten, müssen Sie vor allem mit der Scherenspitze arbeiten und viele winzige Schnittbewegungen machen, während Sie mit der anderen Hand das Papier der Schere entgegenführen. Mit einiger Übung können Sie ein ganzes „Lochmuster" gestalten. Am schwierigsten sind kleine kreisrunde Löcher.

Zum Ausschneiden brauchen Sie eine feine, sehr spitze Schere. *Stechen Sie mit der Spitze in das Papier und drehen Sie die Schere dabei etwas. Der Zeigefinger oder Mittelfinger unter dem Papier dient als Stütze. Drehen Sie die Scherenspitze vorsichtig, bis Sie sie auf dem Finger spüren.*

Sie können auch mit einer Nadel Löcher an der Markierungslinie entlang stechen und von da aus die Innenschnitte vornehmen.

Schleiereule

Die Schleiereule hat wenige Punkte auf Kopf und Brust. Schnabel und Augen sind zusammenhängend in dem hellen Gesichtsfeld zu schneiden.
Die gezahnten Linien im Flügel werden sichtbar, weil sie auf einer Seite glatt nachgeschnitten sind.

Springender Hase

Der springende Hase kommt ohne Innenschnitte aus. Die Grasbüschel sind stilisiert dargestellt. Punkte stehen für Blumen, Zacken für Gras. Ganz deutlich sehen Sie hier die Hilfslinie, die zu schneiden ist, bevor die Zacken gearbeitet werden können. Die Umrisslinie ergibt ein Oval.
Kein Zweifel, der Hase ist ein Osterhase.

Radfahrer

Oval ist auch der Faltschnitt vom Radfahren. Die Figuren werden aus dem Inneren herausgearbeitet, das schwarze Papier bleibt rundum als Rahmen stehen. Die vier Kirchen unterscheiden sich voneinander. Sie werden erst nach dem Auffalten des Papiers einzeln geschnitten, während die Radler im inneren Ring gespiegelt, im äußeren Ring sogar doppelt gespiegelt werden. Die Bäume haben Verbindung zum Rand.
Der Schnitt wird nur mit dem Rand aufgeklebt. Es reicht, wenn Sie ihn mit doppelseitigem Klebeband fixieren.
Denkbar ist auch, dass Sie den Rand nicht mit ins Bild einbeziehen, sondern wegschneiden. Dann wird der Schnitt an den breiteren Stellen festgeklebt.

Vogel

Der Vogel wirkt sehr zart. Er hat ein Muster aus Punkten und Strichen.

Das Aufkleben

Scherenschnitte können Sie für verschiedene Zwecke anfertigen. Das Aufkleben richtet sich nach ihrer Bestimmung. Wird der Schnitt gerahmt, muss er auf einem Karton fixiert werden. Für Lesezeichen und Karten sollte er ganzflächig aufgeklebt werden. Auch auf Glas lässt sich Papier kleben. Wie Sie im Einzelfall am besten vorgehen, wird bei den vorgestellten Beispielen erklärt.
Als Klebstoff hat sich Tapetenkleister bewährt. Er sollte dickflüssig angerührt werden. Sie brauchen nur kleine Mengen.
Zum Verstreichen des Kleisters arbeiten Sie am besten mit einem flachen Pinsel. Streichen Sie damit immer von der Mitte nach außen. Es sollte kein Kleister auf die Vorderseite des Schnittes gelangen.
Statt Kleister können Sie auch verdünntes Gummi arabicum oder Weißleim verwenden.
Kleine Schnitte lassen sich mit doppelseitigem Klebeband fixieren oder Sie können einen Klebestift verwenden, mit dem Sie einige Stellen auf der Papierrückseite betupfen.

Schmetterlinge

Die Schmetterlinge sind als Faltschnitte geschnitten. Übertragen Sie den halben Schnitt auf ein gefaltetes Stück Silhouettenpapier.
Pfauenauge, Trauermantel, Rotes Ordensband und Schwalbenschwanz sind nicht nur an ihren Umrissen zu erkennen. Sie haben auf ihren Flügeln Muster, die sie charakterisieren.
Beim einfarbigen Scherenschnitt müssen diese Muster nun in Schwarzweißflächen übertragen werden. Jede Einzelheit lässt sich nicht schneiden, aber das typische Muster sollte erkennbar sein.
Die hier gezeigten Beispiele sind so klein, dass sie auf den ovalen Ausschnitt von Bastelkarten passen.

Beim Aufkleben gehen Sie so vor:
Auf einer Unterlage streichen Sie die Rückseite des Schnitts mit Kleister ganz ein. Das Papier wellt sich zunächst.
Wenn die Feuchtigkeit bis zur Vorderseite eingezogen ist, glättet sich das Papier

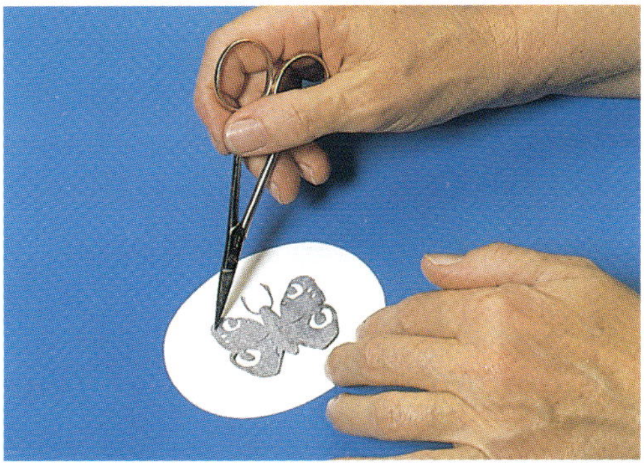

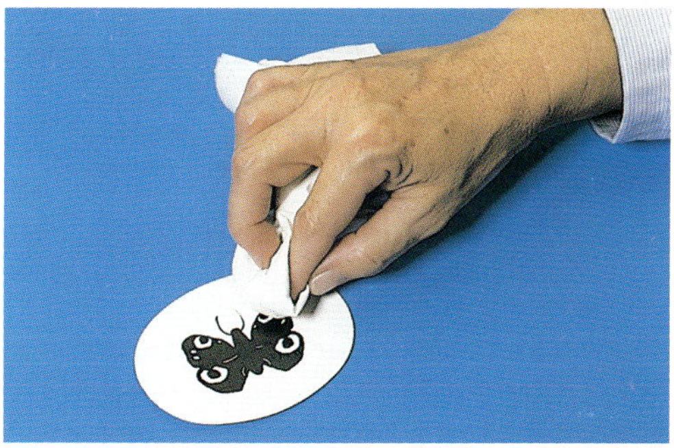

wieder. Dann heben Sie den Schnitt ab und legen ihn mit der eingekleisterten Seite nach oben auf ein Oval als Zwischenablage, rücken ihn genau in die Mitte und streichen ihn vorsichtig glatt. Ein zweites Oval, auf das erste gelegt und angedrückt, nimmt nun den Schnitt auf. Mit einem sauberen Tuch wird der Schnitt vorsichtig angedrückt.
Genau so können Sie es machen, wenn Sie ein größeres Format gewählt haben. *Sie nehmen für das Zwischenpapier die gleiche Größe wie für den endgültigen Untergrund. Zeichnen Sie sich darauf die Mittelachse ein, dann haben Sie es leichter, wenn Sie den Schmetterling auflegen.*

Schmetterlinge sind auch hübsche Fensterbilder. In diesem Fall wählen Sie für den Schnitt weißes Papier und schneiden den Schmetterling nur mit wenigen Innenschnitten.
Sie können das Papier direkt auf die Fensterscheibe kleben. Streichen Sie den Schnitt gleichmäßig mit flüssigem Kleister ein und lassen Sie die Feuchtigkeit wieder einige Zeit einwirken. Platzieren Sie den Schnitt auf ein Zwischenpapier und drücken Sie ihn mit der Unterlage an die Scheibe. Jetzt ziehen Sie das Zwischenpapier vorsichtig ab, und Ihr Schnitt bleibt auf der Scheibe kleben.
Sie können den Schnitt später ohne Spuren wieder ablösen. Feuchten Sie das Papier am Fenster an. Wenn Sie die Feuchtigkeit einige Zeit einwirken lassen, können Sie den Schnitt vorsichtig abziehen und ihn, sofern er die Ablösung heil überstanden hat, noch einmal verwenden.

Schmetterlinge können eine Schachtel zieren, die Sie aus einem quadratischen Stück Packpapier gefaltet haben.
Das Packpapier feuchten Sie an der Stelle an, auf die Sie den Schnitt kleben möchten. Es wird sich durch die Feuchtigkeit ausdehnen. Ist der Schnitt aufgeklebt, trocknen beide Papiere und das Motiv sitzt glatt auf der Schachtel.

Klassische Motive

Blumenkränze

Im Biedermeier hat man sie gerne gehabt, die Blumensträuße und Blütenkränze. Blatt und Blütenformen werden so aneinander geordnet, dass sie wie ein Netz zu-

sammenhalten. Sie legen zuerst die Kranzform fest und verteilen Ihre Motive gleichmäßig rundum. Sie können einen Kranz als Faltschnitt arbeiten wie den Frühlingskranz oder Sie wiederholen ein Segment viermal wie bei dem Adventskranz oder sechsmal wie bei den Fuchsienblüten.

Achten Sie darauf, dass Verbindungen bestehen, damit die Teile nicht auseinander fallen.

Stilisierte Bäume

Bäume sind ein beliebtes Motiv beim Scherenschnitt und lassen sich auf die verschiedensten Weisen darstellen.
In der Volkskunst finden Sie den stilisierten Baum in vielfacher Gestalt. Meist ist er symmetrisch angelegt. Stamm und Zweige sind auf ihre Grundformen reduziert. Es haben sich dekorative Gestaltungselemente entwickelt, die immer wieder übernommen werden. Beim Scherenschnitt entsprechen die Formen dem Werkzeug Schere. Das Baummotiv wird häufig durch einfache Figuren von Menschen und Tieren ergänzt.
Hier zeige ich Ihnen eine landestypische Form:

Schweizer Tanne

Bei der Schweizer Tanne kann die Grundform ein spitzes Dreieck oder ein Rechteck sein.

So können Sie vorgehen: *Bestimmen Sie die Grundform und schneiden Sie zuerst die Grobform, danach die feinen Einschnitte.*

Kleben Sie zuerst die Mittelachse auf, legen Sie ein Stück Papier an den Stamm und klappen Sie die einzelnen Astelemente nacheinander um, bestreichen Sie die Rückseite mit Kleister und legen Sie sie wieder an die richtige Stelle. Das mit Kleister eingestrichene Papier wird sich zuerst einrollen. Wenn Sie einen Augenblick warten, dringt die Feuchtigkeit auch auf die Vorderseite, das Papierstück streckt sich und Sie können es glatt auf den Untergrund legen. Bevor Sie andrücken, können Sie die Position noch korrigieren.

Drücken Sie nun das Papier mit einem sauberen Tuch oder Papiertaschentuch auf den Untergrund. Reiben Sie nicht, damit sich der Ast nicht verschiebt.
So fahren Sie fort, bis alle Äste aufgeklebt sind.

Lebensbäume

Lebensbäume werden häufig im Symmetrieschnitt gearbeitet.
Ein Herz oder ein Stück Wiese kann die Basis des Baumes sein, der Stamm bildet die Mittelachse, die Zweige sind luftig, Blumen und Vögel können mit eingebaut werden, Hirsch oder Pferd stehen rechts und links auf einem Basisstreifen.

Grüner Baum mit Symbolen im Stamm

Dieser Baum hat im Stamm einige Symbole eingeschnitten, die ihn als Lebensbaum kennzeichnen.
Das Herz im Wurzelbereich, das Symbol für Wasser, die Ähren und der Fisch werden vom Falz her geschnitten, während die Äste mit den Blättern in einem großen Bogen vom Stamm bis zur Baumspitze gearbeitet werden.

Lebensbaum mit Personen

Hier sind die Blätter nur angedeutet. Diese Linienführung kommt Ihnen beim Schneiden sehr entgegen.

Faltschnitt mit dünner Mittelachse und 3 Parallelzweigen

Solche Schnitte lassen sich wegen ihrer lockeren Form gut auf Eier kleben.

Passen Sie die Papiergröße dem Ei an. Bestreichen Sie das Ei mit Kleister und legen Sie den Schnitt auf. Drücken Sie die einzelnen Partien mit einem Tuch an. Sie können das fertige Ei noch lackieren.

Auch Geburtstagsgrüße lassen sich mit solchen kleinen Schnitten verzieren. Üblich ist es, schwarzes Papier zu verwenden, aber probieren Sie es auch einmal mit Farbe.

Das gleiche Motiv kann sehr verschieden wirken. Es kommt darauf an, welche Farbe auf welchen Untergrund kommt. Probieren Sie aus, was Ihnen am besten gefällt.

Farbige Schnitte schneide ich gerne aus Origami-Papier. Wählen Sie die Qualität mit weißer Rückseite, sie reißt nicht so leicht beim Aufkleben.
Bei hellen Farben sind die Aufzeichnungen der Rückseite auf der farbigen Vorderseite sichtbar. Vermeiden Sie deshalb Striche, die ins Motiv hinein gehen. Oder schneiden Sie ein Entwurfpapier (zum Beispiel dünnes Durchschlagpapier oder Luftpostpapier) mit.

Vor dem Schneiden sollten die Papierschichten mit Klebeband oder Heftklammern fixiert werden, damit sie sich nicht verschieben.

Faltschnitt mit exotischen Vögeln

Dieser Faltschnitt wirkt wegen der gefiederten Blätter sehr zart. Auch das Gras und die Vogelfedern sind sehr fein geschnitten.

Schneiden auf Polnisch

Polnische Faltschnitte werden meistens aus farbigem Glanzpapier geschnitten. Der Stamm kann mit Einschnitten vom Falz aus dekoriert werden. Die Äste laufen häufig in einem Wellenschnitt aus. Die äußeren Konturen können Sie noch durch feine Zickzacklinien auflockern.

Wenn Sie mit einer kleinen Schere arbeiten, setzen Sie beim Schneiden die Spitze ein. Sie schneiden quasi auf der Stelle und ändern beim Schneiden nur den Winkel, den die Schere zur geschnittenen Linie bildet. Damit die Zacken gleichmäßig werden, markieren Sie sich am besten eine Linie parallel zur äußeren Kante. Achten Sie darauf, dass die Zackenspitze genau mit der Linie zusammentrifft und dass der Winkel immer gleich bleibt.

In Polen hat man die traditionellen Schnitte meistens mit einer groben Schere, wie sie zur Schafschur verwendet wird, geschnitten. Auch damit lassen sich feine Schnitte arbeiten, wenn man das Motiv so anlegt, dass Einschnitte nur vom Rand aus gemacht werden.

Im Fall der feinen Zäckchen schneiden Sie nicht mit der Scherenspitze, die wäre viel zu grob.
Arbeiten Sie mit einer großen Schere, setzen Sie die Schere am Kreuzpunkt der

Schenkel an, schneiden Sie bis zur Parallel-Linie, verändern Sie den Winkel und schneiden Sie diesmal zum Schnittpunkt von Linie und Schnitt. Sie spüren, wenn das kleine Papierdreieck abgeschnitten ist. Es fällt dann heraus. Passen Sie auf, dass Sie nicht zu tief einschneiden.

Gerade da, wo sich traditionelle Formen erhalten haben, werden bestimmte Schnittmuster immer wieder verwendet. Ähnlich wie bei Kochrezepten kann man sich daran halten, man kann sie erlernen. Sie haben sich bewährt. So kommt es, dass diese Schnitte, die sich immer wieder ähneln, nach der Gegend bezeichnet werden, aus der sie stammen.

Alle Motive bereiten beim Schneiden keine Schwierigkeiten, mit einiger Übung können Sie die Muster auswendig und brauchen keinen Entwurf mehr. Versuchen Sie einmal eine Reihe von Lesezeichen zu gestalten. Wählen Sie farbiges Papier und suchen Sie sich eine passende Untergrundfarbe aus. Zum Aufkleben eignet sich Fotokarton, den Sie in vielen schönen Farben kaufen können. Ich habe Origamipapier verwendet, das sich sehr gut schneiden lässt. Buntes Glanzpapier hat zwar leuchtendere Farben, aber leider blättert die Farbschicht ab, wenn das Papier gefaltet wird.

Naturalistische Bäume

Es gibt mehrere Möglichkeiten, Bäume darzustellen. Denken Sie sich einmal einen Baum im Winter, er hat keine Blätter und die Äste heben sich gut gegen einen hellen Hintergrund ab. Der Stamm verzweigt sich, von den Ästen gehen die Zweige ab.

Jede Baumart hat ihre charakteristische Form, so können Sie auch im Winter einen Apfelbaum von einer Eiche unterscheiden.

Faltschnitt mit Vögeln

Der erste Winterbaum ist als Faltschnitt gearbeitet. Die Äste sind bewusst unregelmäßig geschnitten, das gibt ihm ein natürlicheres Aussehen.

Winterbaum

Der zweite Winterbaum hat eine freie Form. Er ist feiner geschnitten, verzweigt sich mehr. Seine geschlossene Form erhält er, weil die Zweige nur bis zu einer gedachten Linie reichen.

Blätterbaum

Für den Blätterbaum zeichnen Sie zunächst wieder einen kahlen Baum. Da er nicht sehr groß werden soll, hat er nur wenige Verzweigungen. Daraus machen Sie jetzt einen belaubten Baum.

Legen Sie dafür Transparentpapier auf den kahlen Baum und zeichnen Sie ihn mit einem Blätterkleid nach. Der Stamm und einige Stellen der Äste sind noch zu sehen. Den so erhaltenen Entwurf können Sie nun auf das Scherenschnittpapier übertragen. Die Rückseite wird mit weichem Bleistift übermalt.

Wenn Sie auf der Vorderseite die Umrisse mit hartem Stift nachzeichnen, haben Sie den Entwurf in einer feinen Linie auf das Scherenschnittpapier übertragen, und Sie können den Baum schneiden.

Junge mit Katze

Reizvoll sind Bäume mit bizarren Umrissen. Sie können einen Baum auch Ihrem Bildformat anpassen. Hier begrenzt der Baum den rechten Bildrand.

Bäume mit Einzelblättern

Ob Sie einen Baum im Faltschnitt schneiden oder ihn asymmetrisch gestalten wollen, Sie können ihn immer auch mit Blättern versehen.

Vermeiden Sie beim Entwurf Überschneidungen, die das Bild unklar machen, legen Sie die Äste und Zweige lieber nebeneinander an. Die Blätter gehen von den Zweigen beidseitig ab. Sie müssen sich nicht jedes einzelne Blatt aufzeichnen, es genügt, wenn Sie die Lage markieren. Mit einiger Übung können Sie die Blätter auch ohne Hilfslinien schneiden. Kehren Sie immer wieder zu der Astlinie zurück und achten Sie darauf, dass sie nicht stufig wird. Die Blattformen können rund oder spitz, schmal oder breit werden. Bleiben Sie bei der einmal begonnenen Form, bis Sie um den ganzen Baum herumgeschnitten haben.

Apfelernte

Der Apfelbaum ist relativ luftig gestaltet, man kann deutlich die Früchte erkennen. Die Äpfel hängen an dünnen Stielen und sind nicht einfach zu schneiden.
Sie müssen aufpassen, dass Sie den Stiel nicht durchschneiden. Wenn das einmal passiert sein sollte, heben Sie das Papierstückchen auf und kleben den Apfel später wieder an den Ast.

Hochzeit

Die beiden Bäume des Hochzeitsmotivs werden symmetrisch gestaltet, das Wurzelwerk wird als Faltschnitt, also doppelt geschnitten.

Stamm und Äste sind ebenfalls symmetrisch aufgezeichnet, werden jedoch nach dem Auffalten des Papiers einzeln geschnitten und mit verschiedenem Blattwerk versehen. Hier sehen Sie deutlich zwei verschiedene Blattarten. Auch die Vögel werden einzeln in den Bäumen verteilt.

Dieser Schnitt ist aufwendig. Sie müssen sich einige Stunden Zeit dafür nehmen. Ein bisschen schneller geht es bei dem nächsten Beispiel.

Mädchen mit Hund

Die Figuren sind so aufgezeichnet, dass an den Umrisslinien entlang geschnitten werden kann. Die Lage der Blätter am Baum ergibt sich während des Schneidens.

Mädchen mit Blumenkranz

Das Mädchen mit dem Blumenkranz sitzt wie auf einer Insel. Das liegt an den Einschnitten für das Gras, die um den ganzen unteren Schnittteil herumgeführt werden.
Der Schnitt hat wieder eine unsichtbare Umrisslinie, die ihn begrenzt.
Die Zweige des Baumes kreuzen sich an einigen Stellen. Das heißt, es können nicht nur Umrisse geschnitten werden, es muss zuerst aus der Mitte heraus gearbeitet werden.

Offen gestaltete Schnitte sind in sich instabil. Ich klebe sie nicht ganzflächig auf, sondern fixiere sie nur an einzelnen Punkten. Gerahmt werden sie mit Passepartout. Je nach Lichteinfall werfen die Papiersegmente einen Schatten auf den Hintergrund und lassen den Schnitt sehr lebendig wirken.

Im Garten

Hier sehen Sie einen asymmetrischen Baum. *Baumformen können Sie Ihrer Bildform anpassen. Das ergibt einen geschlossenen Eindruck. Legen Sie also zuerst die äußere Form fest und gestalten Sie darin die Aufteilung in Äste und Zweige. Schneiden Sie immer nur bis zur gedachten Umrisslinie, das gibt Ihrem Baum eine geschlossene Form.*
Der Teil des Baumes, der über dem Zaun sichtbar ist, wird durch Schneiden der Umrisslinien von rechts nach links gearbeitet, nur das Vogelnest erhält einige Innenschnitte zur Markierung.

Schneiden Sie so, dass die Äste durchgehende Linien bilden. Beim Zaun, den Pfosten und dem Baumstamm sollte auf die Fortsetzung der Linie geachtet werden, auch wenn sie an manchen Stellen verdeckt ist. Zeichnen Sie sich am besten im Entwurf die Linien der Latten und des

Stammes durchgehend. Die obere, seitliche und untere Zaunbegrenzung können Sie glatt abschneiden und dann die Aussparungen ausarbeiten.

Die Katze sitzt auf einer Mauer. Damit auch der Schwanz zu sehen ist, sind die Mauersteine ausgeschnitten. Auch hier ist schon beim Schneiden darauf zu achten, dass die Schwanzlinie glatt verläuft.

Die feine Mittellinie der Löwenzahnblätter sollten Sie nur schneiden, wenn Ihre Schere sehr fein ist. Eventuell können Sie auch ein Schneidemesser dafür verwenden. Schneiden Sie nur einen winzigen Span vom Papier heraus.

Die Löwenzahnblüte wird aus einem Kreis mit Mittelpunkt entwickelt. Arbeiten Sie an der Außenkreislinie entlang. Schneiden Sie mit der Scherenspitze, die auf den Mittelpunkt gerichtet ist, kleine Dreiecke mit sehr spitzem Winkel heraus. Für das Gras können Sie zunächst die Umrisslinie schneiden, dann von außen mit der Scherenspitze die einzelnen Grashalme.

Die Vögel sollten Schnäbel haben, die gleich lang sind. Dafür können Sie die Spitzen durch einen Schnitt verbinden und von den Enden aus ein V schneiden. Ich beginne immer mit den Innenschnitten, korrigiere gleich eventuelle Ungleichmäßigkeiten und schließe den Schnitt mit den Umrissen ab. Für einen Schnitt dieser Größe brauche ich ungefähr vier Stunden. Ich schneide nicht alles auf einmal, sondern arbeite in Etappen.

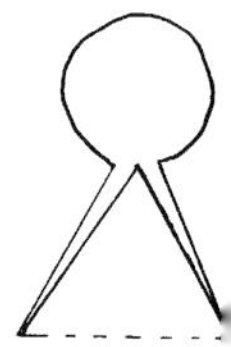

Vor dem Aufkleben bügeln Sie den Schnitt mit einem mäßig heißen Eisen, damit alle Teile glatt werden. Legen Sie ihn auf den Karton, der als Untergrund vorgesehen ist. Dann kleben Sie ihn an einigen Stellen fest. Es reicht, wenn er so fixiert ist, dass keine Teile herunterklappen, wenn Sie das Bild senkrecht halten.

Bäume mit Innenschnitten

Bäume mit Innenschnitten haben in sich mehr Halt. Das Blattwerk bleibt hier nicht stehen, sondern wird aus der Papierfläche herausgeschnitten.

Faltschnitt mit Kindern

Dieser Faltschnitt eignet sich in seiner einfachen Gestaltung auch gut als Fensterbild, wenn er entweder aus weißem Papier geschnitten und direkt auf die Fensterscheibe geklebt wird, oder wenn Sie ihn aus stabilerem Tonpapier schneiden und dann aufhängen.
Aus Papier lässt er sich im Faltschnitt arbeiten, bei Tonpapier sollten beide Bildhälften einzeln geschnitten werden.

Tannenbaum

Der Tannenbaum eignet sich als weihnachtliche Fensterdekoration. Das Motiv ist ebenfalls ein Faltschnitt. Der Baumschmuck wird aus der Papierfläche herausgeschnitten.

Vogelbaum

Sehr viel Zeit braucht der Vogelbaum. Alle Astlinien, Blätter und Beeren werden einzeln herausgearbeitet. Für die Vögel werden eiförmige Flächen ausgespart, damit sie deutlicher zu sehen sind. Das meiste wird wie beim Faltschnitt aus dem doppelten Papier geschnitten. Auch am Fuß des Baumes wird die Fläche durch Innenschnitte aufgelockert. Die Mitte wird jedoch erst nach dem Auffalten gestaltet.

Ganz zum Schluss sollten Sie die Umrisse schneiden. Versuchen Sie, einen gleichmäßig breiten Saum um die ausgeschnittenen Partien stehen zu lassen. Das gibt dem Schnitt die nötige Stabilität, die ihn zusammenhält, denn es bleibt nicht aus, dass Sie im Innern die Fläche schon einmal weiter schneiden als beabsichtigt.

Diesen Schnitt habe ich vollflächig aufgeklebt, damit die ausgeschnittene Struktur deutlich sichtbar wird.
Lassen Sie sich für solch einen aufwendigen Schnitt, in den Sie viele Stunden investiert haben, genügend Zeit beim Aufkleben. *Warten Sie nach dem Einkleistern, bis sich das Papier gleichmäßig ausgedehnt hat, legen Sie den Schnitt vorsichtig auf den Untergrund und drücken Sie ihn erst von der Mitte nach außen an, wenn er ganz glatt liegt.*
Auch dieser Schnitt wird vor dem Aufkleben gebügelt.

Kinderszenen

Es gibt viele Themen, die Sie im Scherenschnitt darstellen können. Neben Pflanzen und Tieren sind Kinderszenen beliebt.

Sternsinger

Das Sternsingerkind trägt ein Kleid mit Kragen, dessen Bogen in zarten weißen Linien ausgeschnitten sind. Auch ein paar Falten in der Armkugel sind geschnitten, um das Gewand aufzulockern. Machen Sie dafür einen bogenförmigen Einschnitt, von dem aus Sie die Fältchen schneiden.

Kleinigkeiten können einen Scherenschnitt so liebenswert machen. Beachten Sie die feinen Haarsträhnen und die drei Knöpfe auf dem Rücken.

Die große Schwester

Die große Schwester schiebt stolz den Kinderwagen. Man sieht den Kopf und eine Hand des Babys.

Die schwarze Wagenfläche wird durch das Muster der Decke und der Räder aufgelockert.

Der große Bruder

Ähnlich angelegt ist der Schnitt vom Großen Bruder. Er ist jedoch aufwendiger mit einem Baum, der die Szene umrahmt, gestaltet.

Tipp

Sie können die Figuren auch austauschen. Übertragen Sie sich die Personen auf Transparentpapier, dann können Sie das Umfeld vom anderen Schnitt holen. Achten Sie darauf, dass die Figuren Ihrer Vorlagen gleich groß sind.

Kasperletheater

Bei dieser Kinderszene sind die Figuren nebeneinander angeordnet. Sie sind miteinander verbunden, indem natürliche Übergänge gefunden wurden.

Kinder mit Luftballons

Hier sehen Sie eine ganze Kindergruppe beim Spielen auf der Wiese. Die Luftballons sind sehr duftig.

Falls Sie sich nicht an so feine Linien herantrauen, können Sie die Ballons auch schwarz lassen.

Drachensteigen

Drachensteigen ist ein Herbstvergnügen. Der schwierigste Teil an diesem Schnitt sind die Drachenschwänze.

Auf Seite 60 sehen Sie den angefangenen und den fertigen Schnitt. Daran können Sie gut erkennen, wie Sie beim Schneiden vorgehen. Das überflüssige Papier ist schon weggeschnitten. Die heikelste Arbeit wird dadurch erleichtert.
Beim fertigen Schnitt schreiben die Drachen mit den duftigen Enden ein Muster

an den Himmel. Wappnen Sie sich mit Geduld, wenn Sie sich an dieses Motiv heranwagen.
Die feinen Linien müssen besonders vorsichtig geschnitten werden, ein langer Daumennagel kann helfen, auch kleine Partien am Papier sicher zu halten.

Clowns

Ich habe sie schon in diversen Größen geschnitten, die Clowns. Sie können sie von verschiedenen Seiten zeigen, von der Seite, von vorn oder von hinten. Die Hemden, Jacken und Hosen haben unterschiedliche Muster. Hier können Sie nach Belieben variieren. Ein paar Kleinigkeiten geben dem Schnitt den nötigen Pfiff: Schuhbänder, Knöpfe, Hosenträger.

Probieren Sie immer neue Kombinationen aus. Viel Spaß dabei!

Das Porträt

Das Porträt ist die Krönung des Scherenschnitts. Eine sichere Hand gehört dazu und ein geschulter Blick, wenn Sie ein Porträt frei schneiden wollen. Das werden Sie lange üben müssen. Bevor Sie soweit sind, können Sie sich erst einmal die Errungenschaften der Neuzeit zunutze machen: den Fotoapparat und den Fotokopierer.

Früher wurde zum Porträtieren der Storchschnabel eingesetzt, mit dessen Hilfe ein Schattenporträt verkleinert gezeichnet werden konnte. Wir können heute beim Kopieren verkleinern.

Mit Hilfe einer starken Lampe lässt sich ein Schatten an die Wand werfen. Wenn Sie dort ein Papier angebracht haben, können Sie die Konturen nachzeichnen. Das Konterfei hat etwas mehr als Lebensgröße.

Mit einem Fotokopierer können Sie diese Umrisse auf ein handliches Format verkleinern. Wenn Sie die Konturen nun auf Scherenschnittpapier übertragen, können Sie mit dem Schneiden beginnen.

Haben Sie ein Foto, von der Seite aufgenommen, dann können Sie davon die Umrisse auf Transparentpapier übertragen und von dieser Zeichnung aus auf das Scherenschnittpapier.

Sie werden merken, dass es darauf ankommt, sehr genau zu schneiden. Es sind Winzigkeiten, die den Gesichtsausdruck verändern können. Mit der Zeit werden Sie Erfahrungen sammeln. Sie wissen ja: Übung macht den Meister.

Die Brille wird mit angeschnitten, ein feiner Einschnitt deutet den Bügel an. Ein weißer Kragen hellt den Schnitt auf.

Schrift

Zu guter Letzt geht es noch um die Schrift im Scherenschnitt. Es ist auch möglich, Geschriebenes zu schneiden.

Druckbuchstaben sollten auf einem Streifen stehen, damit sie einen Zusammenhalt haben.

Schreibschrift hängt per se zusammen und kann deshalb so übernommen werden.

Damit Ihr Text nicht in Spiegelschrift erscheint, müssen Sie sich mit einem zweiten Blatt helfen.

Schreiben Sie Ihren Text auf dünnes Papier und schneiden Sie ihn zusammen mit dem Scherenschnittpapier aus. Beide Papiere schauen mit der Vorderseite nach oben.